Primeiro Caderno de Flauta-Block

Músicas e Exercícios

Maria Aparecida Mahle

Ilustrações de

Nº Cat.: 182-M

Irmãos Vitale S.A. Indústria e Comércio
www.vitale.com.br
Rua França Pinto, 42   Vila Mariana   São Paulo   SP
CEP: 04016-000   Tel.: 11 5081-9499   Fax: 11 5574-7388

© Copyright 1959 by Irmãos Vitale S.A. Ind. e Com. - São Paulo - Brasil
Todos os direitos autorais reservados para todos os países. *All rights reserved.*

Dados Internacionais de Catalogação na Publicação (CIP)
(Câmara Brasileira do Livro, SP, Brasil)

Mahle, M. Aparecida R. Pinto
    Primeiro caderno de flauta-block : músicas e exercícios /
M. Aparecida R. Pinto Mahle ; ilustrações de E.R.S. Silva. --
São Paulo : Irmãos Vitale.

ISBN 85-85188-44-8
ISBN 978-85-85188-44-3

1. Flauta-block - Estudos e exercícios I. Título.

97-1091   CDD-788.3076

Indices para catálogo sistemático:

1. Exercícios : Flauta-block : Música   788.3076
2. Flauta-Block : Músicas e exercícios   788.3076

INTRODUÇÃO

O estudo da flauta-block é muito generalizado nos países europeus, onde, em alguns lugares a criança aprende a tocar esse instrumento na própria escola primária. Entre nós a flauta-block é ainda pouco divulgada, mas agora que já possuímos instrumentos desse tipo, feitos no Brasil, que podem ser facilmente adquiridos, acreditamos que o seu estudo será feito com o mesmo entusiasmo que nos outros países.

A flauta-block e a viola de gamba (escolar) são os melhores instrumentos para as crianças, ao lado da percussão. Ambas contribuem para um maior desenvolvimento do ouvido e são grandes auxiliares para a leitura musical, além do prazer que a sua execução proporciona.

Neste pequeno caderno procuramos ordenar os exercícios pelas dificuldades crescentes, o que não impede que o professor altere essa ordem, desde que para um determinado aluno alguns exercícios que alí aparecem mais tarde sejam mais fáceis que outros anteriores. Uma criança que faz o Curso de Iniciação Musical vence o caderno no prazo máximo de seis meses.

As músicas que figuram neste método foram recolhidas principalmente do folclore brasileiro, alemão, inglês, francês e argentino. Constituem uma boa coleção e poderão ser cantadas pelas crianças, em aulas de Iniciação Musical ou de solfejo, além de tocadas.

Se o "Primeiro Caderno de Flauta-Block" for um auxílio para o professor e um estímulo para que crianças e adultos sintam o prazer de tocar esse instrumento, teremos atingido o nosso objetivo.

M. Aparecida R. Pinto Mahle
Piracicaba, Julho de 1959

Posição certa   Evite isto!

Mão esquerda   Mão direita

janela — indicador — médio — anular — indicador — médio — anular — mínimo

boquilha   polegar

Instruções para o ensino da flauta, em acôrdo com o caderno:

1) atenção para a pronúncia do **tut**; o t final bem curto, sem **e**; usa-se o **tut** principalmente para o **staccato**; tem a finalidade de não desafinar no fim da nota.

2) a respiração deverá basear-se sempre no fraseado, o que será fácil, visto termos colocado as letras em todas as músicas.

3) o professor sempre que possível tocará a 2.ª voz, enquanto o aluno toca a primeira. Propositalmente o ritmo da 2.ª voz acompanha o da primeira, para que o aluno não se perturbe. Tocar em duetos assim não será difícil e o aluno aprenderá a ouvir melhor dessa forma, de que se tocassemos sempre com êle em uníssono.

4) os exercícios 41 e 42; 86 e 87, onde pela 1.ª vez aparecem respectivamente o si ♭ e o fá ♯ serão tocados primeiro pelo professor, para que o aluno perceba, ouvindo, a diferença entre o si bequadro e o si bemol; entre o fá sustenido e o fá bequadro.

5) na página final apresentamos a tabela completa de posições da flauta-block soprano. Para crianças, entretanto, achamos que basta atingir o sol agudo. Músicas que vão além dessa nota, poderão ser transportadas abaixo.

6) poderá acontecer que uma ou outra posição que aqui apresentamos não seja a ideal para uma determinada flauta. O professor experimentará então outra posição, para conseguir uma afinação melhor.

7) quando a flauta não quer tocar devido ao acúmulo de saliva, deve-se tomar a parte superior da mesma e soprar com força, fechando a janelinha. Para conservação do instrumento é conveniente limpá-lo sempre, após o uso.

Explicações para os que não sabem ler música e desejam aprender a tocar flauta-block por intermédio deste caderno:

1) para leitura das notas é muito fácil. A flauta desenhada ao lado de cada novo exercício traz embaixo o nome da nota que será tocada. Os exercícios e músicas foram graduados de tal forma que progressivamente o aluno dominará a leitura com segurança e sem dificuldade.

2) para a leitura rítmica também será fácil, pois pode-se acompanhar o ritmo e a acentuação das próprias letras dos exercícios ou das músicas. Entretanto, também é bom e fácil aprender algumas noções elementares, como o nome e duração dos valores mais usados, nos compassos mais comuns: $\frac{2}{4}$, $\frac{3}{4}$, $\frac{4}{4}$.

Pausas respectivas (silencios)

o —	semibreve	— para a qual contamos	4	tempos		▬
𝅗𝅥 —	mínima	— ,, ,, ,,	2	,,		▬
♩ —	semínima	— ,, ,, ,,	1	tempo		𝄽
♪ —	colcheia	— ,, ,, ,,	$\frac{1}{2}$	,,		𝄾
♬ —	semicolcheia	— ,, ,, ,,	$\frac{1}{4}$	,,		𝄿

3) praticar na nota **si** ou outra qualquer, os seguintes exercícios rítmicos:

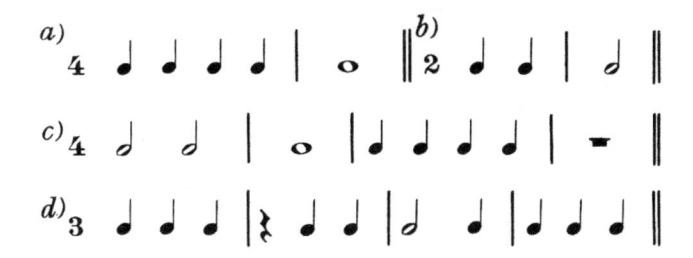

a) [partitura] b) [partitura]

c) [partitura]

d) [partitura]

Durante a pausa não é necessário tirar a flauta da boca; só parar de tocar.

4) na lição n.º 42 aparece o ♭ (bemol) e na n.º 87 aparece o ♯ (sustenido) — são sinais de alteração, que modificam a altura do som. O ♯ eleva ½ tom e o ♭ abaixa ½ tom. O bequadro (♮) (que aparece em algumas músicas) serve para fazer com que a nota retorne ao seu estado primitivo.

5) A ligadura ⌒ serve para unir dois ou mais sons. Quando se acha sobre 2 notas do mesmo nome faz delas uma só; não se toca a segunda, que fica um prolongamento da 1.ª.

EXERCÍCIOS

1. Tut tut tut tut tut tut tut Gos-to de to-car flau-ti-nha

2. tut tut tu— tut tut tu— Co-mo é bom! es-te som!

3. tut tut tut tut tut tut tut Que flau-ti-nha bo-ni-ti-nha

4. tut tut tu— tut tut tu— Que bom som, que som bom.

5. Quem se-rá que man-da a-qui? É o lá ou é o si?

6. Dim dim dom! Dom dem dim! Faz o si-no da ma-triz

7
tut tut tut tut tut tut tut Co_mo é bom to_car flau_ti_nha.

8
Sól
Vi_va o sol! Que nos dá: luz, ca_lor e a_le_gria.

9

10

MÚSICAS

11
1ª VOZ
Pas_tei_zi_nhos, bis_coi_ti_nhos.
2ª VOZ

12
1ª VOZ
Ó Miguel | Ó Miguel | De ca_be_los cor de mel.
2ª VOZ

13
1ª VOZ
Que co_mem as cri_an_ças de Ca_tan_du_va? U_va.
2ª VOZ

14

1ª VOZ / 2ª VOZ

Ha - vi - a cer - ta vez, Um ho - mem por - tu - guês Que
Mas com - prou um en - tão, E fi - cou bo - ni - tão E

não se pen - tea - va, pois pen - te não ti - nha... Ve - ja a - li, Ve - ja a - qui.
lo - go se ar - ru - mou, e lo - go se pen - teou.

Lento

15 EXERCÍCIOS

tut tut tut tut tut tut tut Vou to - car tam - bém o dó

16

tut tut tu tut tut tu Ho - je vou to - car dó

Dó

17

18

19

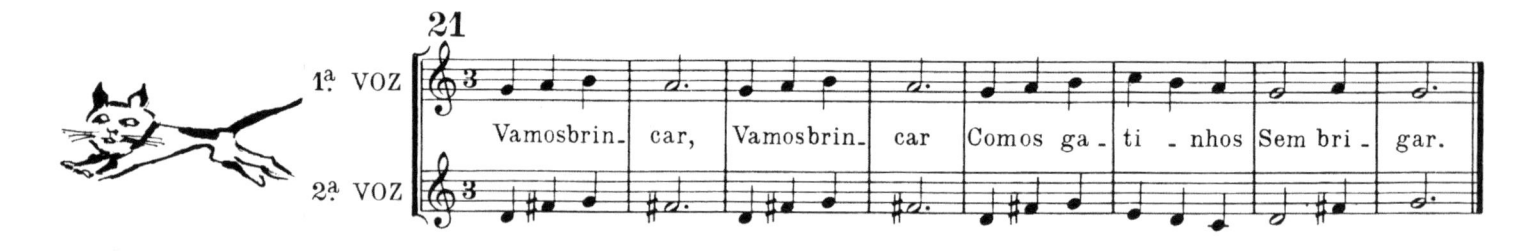

MÚSICAS

20

1ª VOZ

A bar_qui_nha li_gei_ri_nha vo_ga, vo_ga sem pa_rar.

2ª VOZ

21

1ª VOZ

Vamos brin_car, Vamos brin_car Como s ga_ti_nhos Sem bri_gar.

2ª VOZ

DANÇA HÚNGARA

22

Tra la la la la la la la la _ _ _

EXERCÍCIOS

23. Toca agora a nota ré — tut tut tut tut ré ré ré

24.

25.

MÚSICAS

26.
1ª VOZ: Nós vamos viajar de trem, quem vai também?
2ª VOZ:

27.
1ª VOZ:
Tra la la o-lé o-lé | Velhas comem com colher | Comem muito, muito / Viva a vida alegre | Moças comem pouco / Que ninguém se entregue
2ª VOZ:

28

1ª VOZ / 2ª VOZ

A - ma - nhã já vem o lim - pa - dor de cha - mi - né
Ó quan - ta su - jei - ra vai sa - ir en - fim, o - lé

29

1ª VOZ / 2ª VOZ

A ja - ne - la vai a - brir, A mu - lher vai nos sor - rir E o sol vai sa - ir.

30

1ª VOZ / 2ª VOZ

Vamos já to - car flauti - nha tut tut tut tut tut tu tut tut Que to - car é bom é, Ma - né, se é!
Que ela é muito en - graça - di - nha " " " " " " " "

31

1ª VOZ / 2ª VOZ

Bão ba - la - lão Se - nhor Ca - pi - tão Es - pa - da na cin - ta gi - ne - te na mão

16

32

1ª VOZ: Va_mos pu_lar Va_mos brin_car Va_mos ho_je ao par_que de di_ver_sões.

33

1ª VOZ: So_be, so_be, pá_ra, pá_ra, So_be, so_be, pá_ra, So_be, so_be, pá_ra pa_ra descer lo_go para o chão.

34

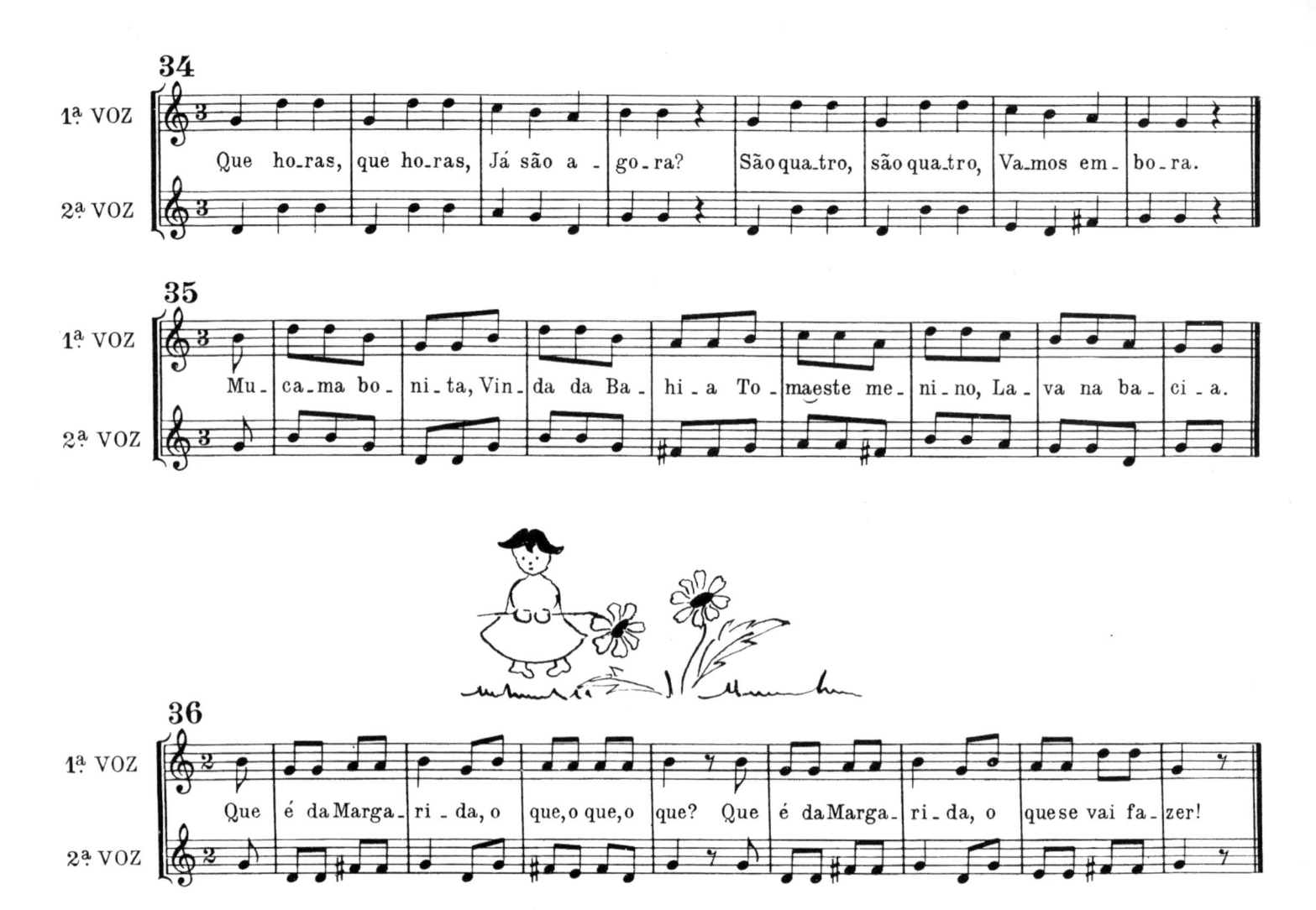

Que horas, que horas, Já são agora? São quatro, são quatro, Vamos embora.

35

Mucama bonita, Vinda da Bahia Tomaste menino, Lava na bacia.

36

Que é da Margarida, o que, o que, o que? Que é da Margarida, o que se vai fazer!

37

Inverno adeus! Pode partir! Alegra o meu coração Pois já chegou o verão Inverno adeus, Não torne a vir.

38

Zum, zum, zum, Abelhinha vem Voa sempre pelas flores, Pelos campos multicôres Zum, zum, zum, Lá vai ela além.

EXERCÍCIOS

39 Tut tut tut tut tut tut tut So_pre com cui_da_do o fá.

40

41 Vou to_car a_qui e vou to_car a_li e ou_ça bem!

42 Quan_do to_co a_qui o que vo_cê ou_viu é bem i_gual?
Ou é di_fe_ren_te e vo_cê vai me di_zer por_que? É o be_mol.

43 Tut tut tut tut tut tut tut Es_te a_go_ra é o si be_mol.

44

45

MÚSICAS

46

1ª VOZ / 2ª VOZ

To_dos os pa_ti_nhos Gostam de na_dar N'águaaca_be_ci_nha O ra_bi_nho no ar!

47

1ª VOZ / 2ª VOZ

U_ma, du_as an_go_linhaspõemo pé napampo_linha O ra_pazquefaz o jo_go faz o jo_go do pim_pão.

21

48

1ª VOZ: Pe_lo ver_de cam_po Lá vão a pas_tar Os meus carnei_ri_nhos P'ra depois vol_tar.

2ª VOZ

EXERCÍCIOS

49 Mi mi faz a mi_nha flau_ta, Miau, miau faz a mi_nha ga_ta.

50

MÚSICAS

51

1ª: Homenzinho vem tocar! Seu violino to_que! As cri_an_ças vão dançar Su_a ro_da vi_re!

2ª

52

Chu-va ca-in-do E a ter-ra mo-lhan-do
Fa-ça a flor-zi-nha A-brir in-tei-ri-nha

53

Sai da-í, vem p'ra aqui Sa-ia do-na les-ma! Venha vo-cê mesma! Só que-remos vê-la, Ninguém quer co-mê-la!

54

Ser-ra a-qui, ser-ra a-li le-nha-dor e car-pin-teiro Serra a-qui, serra a-li, Vão cor-tan-do o pi-nheiro.

23

EXERCÍCIOS

55

Va_mos su_bir a_té o ré e de_pois re_gres_sar.

56

Pu_la, pu_la can_gu_rú! Que_ro fa_zer co_mo tu O _ lá? U _ é!

57

58

O _ lá? U _ é! Ó co_mo vai? Vou mui_to bem.

59 Olá? Usé! Ó como vai? Vou muito bem.

60 Modo frígio

61 Modo lídio

62 Fá Maior

63 Mixolídio

MÚSICAS

64

1ª VOZ: A manhã, ó criançada Vem o bom Papai Noel
De sacola pendurada Com brinquedos a granel
Pra o Zé cá uma peteca Isabel quer pão de mel.

2ª VOZ: (mesma letra)

Fine — *D.C. al Fine*

65

Onde vais belamanquinha? Goi, goi, goi, goi. Vou passear na floresta! Goi, goi, goi, goi.

66

1ª: Mar_cha sol_da_do, ca_be_ça de pa_pel Se não marchar di_rei_to, vai pre_so pro quar_tel.

2ª: (harmony)

67

1ª VOZ: Quem rou_bou o ganso foi vo_cê, do_na ra_po_sa Foi do_na ra_po_sa Tra_ga lo_go já de vol_ta, Se não vo_cê vai ser mor_ta, Se não vem o ca_ça_dor e vo_cê vai ser mor_ta.

2ª VOZ: (harmony)

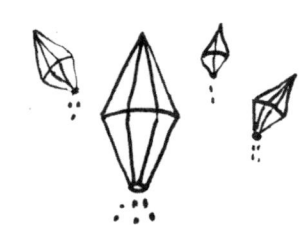

68

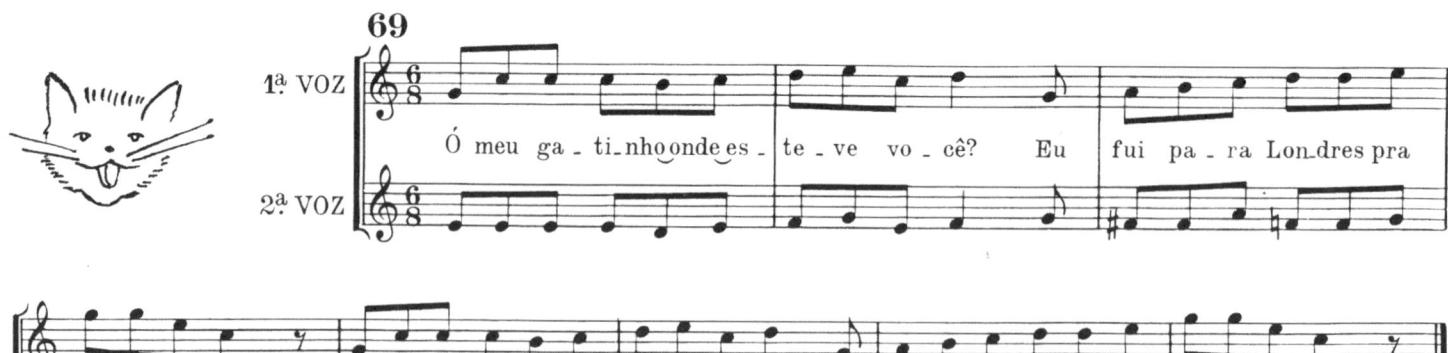

1ª Cai, cai balão cai, cai balão Na ru_a do sa_bão Não cai não não cai não não cai não, cai a_qui na mi_nha mão.

2ª

69

1ª VOZ: Ó meu ga_ti_nho onde es_te_ve vo_cê? Eu fui pa_ra Lon_dres pra ra_i_nha ver Ó meu ga_ti_nho lá o que vo_cê fez? Ca_cei trinta ra_tos ao to_do num mês.

2ª VOZ

70

Havia um pastorzinho que andava a pastorar Saiu de sua casa E pôs-se a cantar: tralá lá lá lá tra lá lá lá lá lá tra la la la lá lá tra lá lá lá lá lá

71

Rei Dagoberto sai, vai vestindo o seu jaquetão Saint Eloi lhe diz ao ouvido Ó Majestade falta um botão atrás! Ó, sim, responde o Rei, pois tiras o teu e me dás.

72

Lan_ter_na, lan_ter_na Sol, lua es_tre_li_nha O ven_tinho vem, o ven_tinho vem, Mas não a pague a lanterna de ninguém!

73

Na Ba_hi_a tem Tem tem tem Cô_co de vin_tém, ó Ia_iá, Lá na Ba_hi_a tem.

74

Eu já sei sol_fe_jar Sol lá si dó ré ré ré Eu também sei cantar Sol si ré ré si Tra lá lá lá tra lá lá Tra lá lá lá tra lá lá Eu também sei cantar sol si ré ré sol

EXERCÍCIOS

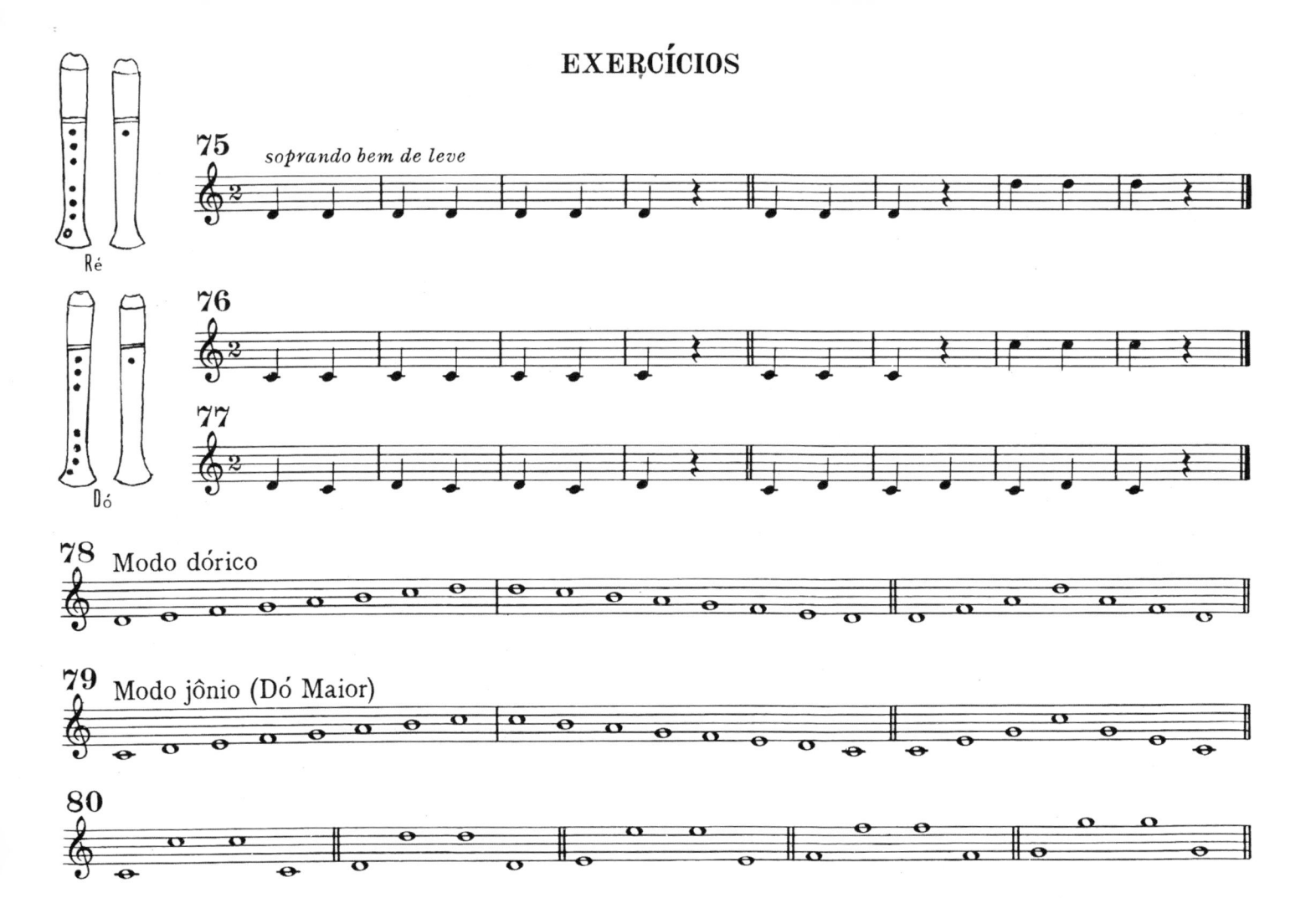

75 *soprando bem de leve*

76

77

78 Modo dórico

79 Modo jônio (Dó Maior)

80

81

Lá

MÚSICAS

82

1ª: Purr, purr, purr | Meu senhor fa_ça o favor | De te_sou_ras a_mo_lar | Purr, purr, purr

2ª

83

1ª VOZ: Eu sou Pau_lo, tu és Jó; Sou a_pli_ca_do, és bo_có.

2ª VOZ

84.

1ª VOZ: Ca_pe_li_nha de me_lão É de São Jo_ão É de cra_vo, é de ro_sa e de man_je_ri_cão.

2ª VOZ

85.

1ª VOZ: Car_tas, car_tas, que_ro u_ma car_ta O car_tei_ro vai chegar Eu mal pos_so es_pe_rar.

2ª VOZ

Na repetição tocar uma oitava acima.

86

O que se _ rá di _ fe _ ren _ te a _ qui? Sim, o fá é sus _ te _ ni _ do, pois é!
Ou _ ça e com _ pa _ re com o ou _ tro a _ li.

87 *soprar de leve*

Fá#

88 Modo mixolídio

89 Jônio — Ré Maior

Dó#

MÚSICAS

90

Pas-sa-ri-nho me trou-xe A men-sa-gem de a-mor Minha mãe-zinha es-cre-ve Com ca-ri-nho e fer-vor!

Volte já passarinho
Pois anseio para ler
As palavras de carinho
Que me fazem prazer!

91

1ª VOZ: Ao cla-rão da lu-a, que-ro es-cre-ver A-bre-me a tua por-ta, pois não pos-so ver Dá-me a ca-ne-ta, que-ro es-cre-ver!

2ª VOZ: Mas, pier-rô a-mi-go, eu não pos-so ver

35

92

1ª VOZ / 2ª VOZ

Pom_bi_nha ro_li_nha pas_sou por a_qui, Co_men_do, be_ben_do, fa_zen_do as_sim___ As_sim___ As_sim___ As_sim ou_tra vez as_sim.

EXERCÍCIOS

93

tu__ tu__ tu__ tu__ etc.

94

Praticar em todos os modos e tonalidades já estudados.

MÚSICAS

Eu ga_nhe_i u_ma mu_di_nha de flor_zi_nha mui_to chei_ro_sa Eu plan_tei no meu jar_dim Vai cres_cer mui_to for_mosa.

97.

Tu-tu Maram-bá, não ve-nhas mais cá, Que o pai do me-ni-no, te man-da ma-tar Tu-tu Ma-ram-bá, não ve-nhas mais cá, Que o pai do me-ni-no, te man-da ma-tar Dor-me engra-ça-di-nho, que-ri-di-nho da ma-mãe Que e-le é bo-ni-ti-nho e fi-lhi-nho da ma-mãe.

98

1ª VOZ: Poc poc poc Ca_va_li_nho vai! *p* Tro_ta ca_va_li_nho tro_ta Vai tro_tan_do sem de_mo_ra Poc poc poc poc poc Ca_va_li_nho vai!

2ª VOZ

99

1ª VOZ: Diz o par_dal na cer_ca as_sim: Já vai cho_ver, po_bre de mim Mas sur_ge en_tão o sol no céu, E tu_do se_rá a_le_gre en_fim.

2ª VOZ

Como vamos tocar a música do pardal? Precisamos aprender o mi bemol!

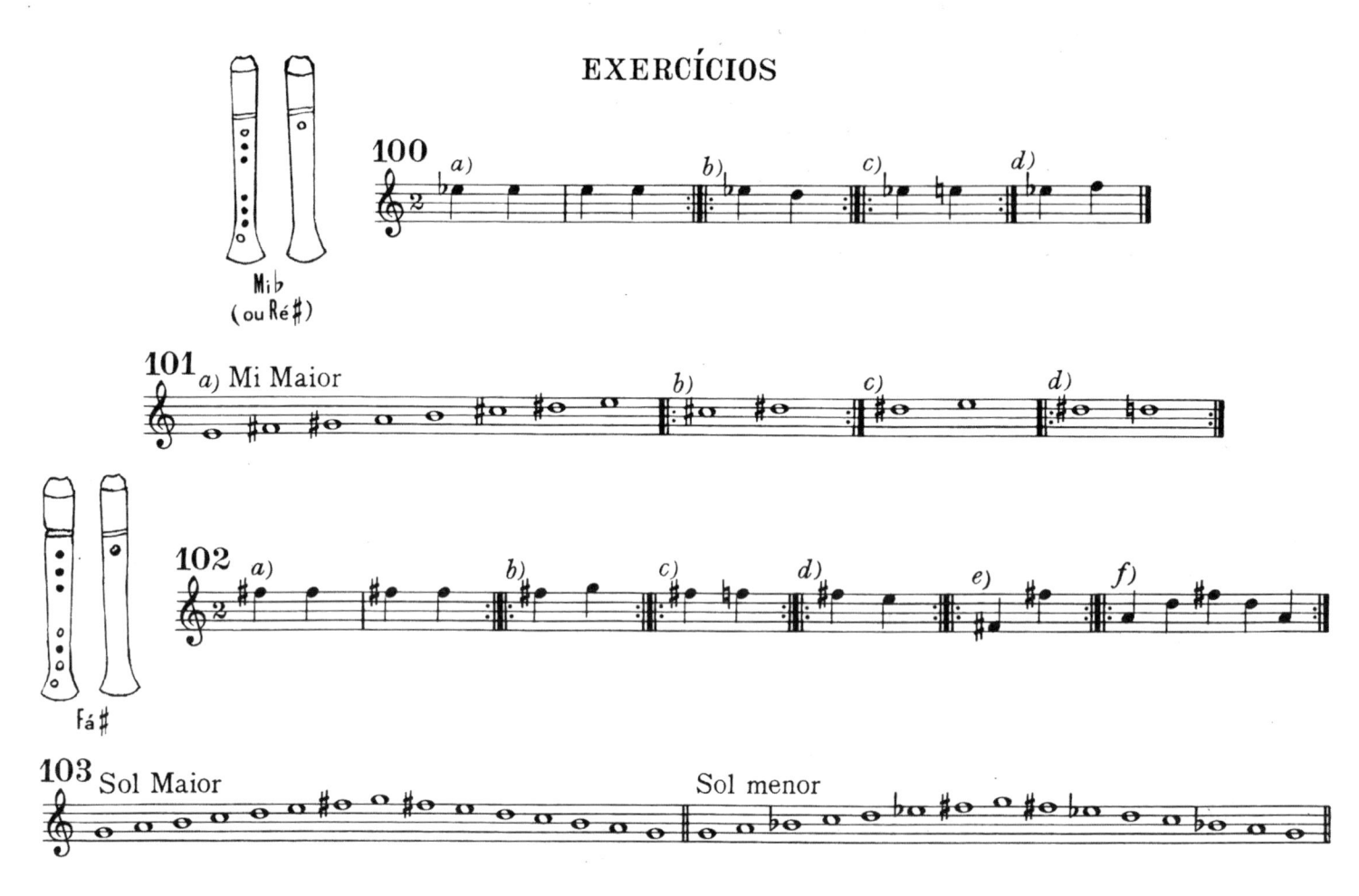

EXERCÍCIOS

Mi b (ou Ré♯)

100 a) b) c) d)

101 a) Mi Maior b) c) d)

Fá♯

102 a) b) c) d) e) f)

103 Sol Maior   Sol menor

40

104

É tem-po de chu-va, e cho-ve sem pa-rar! Mas lo-go o céu a-zul se-rá e o sol vi-rá bri-lhar.

105

1ª VOZ: Mas bom di-a Vos-sa Se-nho-ri-a, Man-do o ti-ro ti-ro lá

2ª VOZ: Mas bom di-a Vos-sa Se-nho-ri-a, Man-do o ti-ro ti-ro lá.

EXERCÍCIOS

106 *língua dupla*
a) tu cu tu cu tu tu tu
b) tu cu tu cu tu cu tu cu tu cu tu cu

Toque agora:
c) "Cai cai balão" e "Lanterna"
tu cu tu tu cu tu tu cu tu tu tu

MÚSICAS (Natal de vários países)

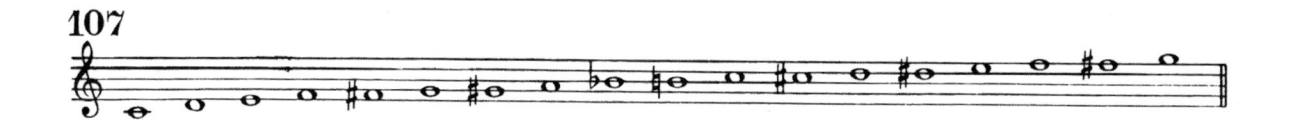

42

109

1ª VOZ: En_tre o boi e o bur_rinho Dor_me, dorme o me_ni_ninho
2ª VOZ:

E os an_jos do céu Can_tam sem ces_sar Ao bom Je_sus que ve_io nos sal_var.

110

1ª / 2ª: Si_ninho ti_lim ti_lim tim Sô_a si_ni_nho Ó vós meus me_ni_nos Já sabeis a_go_ra

Que já vem che_gan_do A mais be_la ho_ra Si_ninho ti_lim ti_lim tim Sô_a si_ni_nho.

111

1ª VOZ / *2ª VOZ*

Já nasceu o Menino Deus! Acantar vinde vós pastores seus louvores.
Celebremos os

Padre Eterno Soberano Pai de meu Jesus amado Dai-me voz para cantar Seu Natal tão suspirado.

Fine

D.C. al Fine

112

1ª VOZ / 2ª VOZ

No pi-nhei-ri-nho as lu-zes bri-lham fes-ti-va-men-te Com a-mor E os ho-mens to-dos na ter-ra es-pe-ram, Só pe-la vin-da do Se-nhor.

113

Vin-de pas-to-res a-le-gres ver Je-sus Do céu os an-jos, Do céu os an-jos cha-mam can-tan-do, cha-mam can-tan-do: Vin-de ver Je-sus.

45

Tabela das Posições para Flauta em Dó
(Soprano e Tenor)

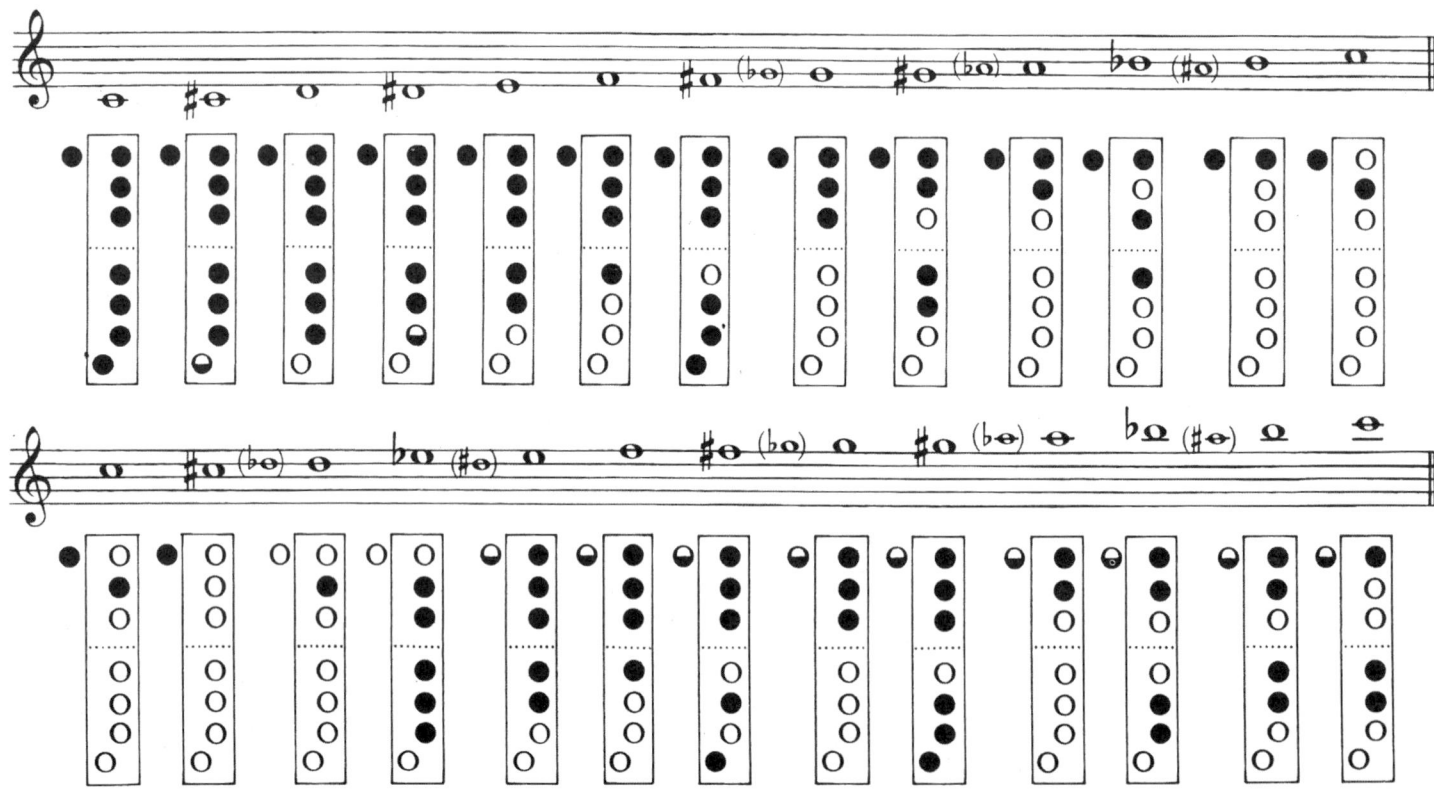

● = buraco fechado; O = buraco aberto; ◐ = buraco aberto a metade.